Si mi mamá fuera un ornitorrinco

Si mi mamá fuera un ornitorrinco

LOS BEBÉS MAMÍFEROS Y SUS MADRES

Dia L. Michels

Ilustrado por Andrew Barthelmes

Science, Naturally!
Washington, DC

Para Akaela, Zaydek y Miralah - mis bebés mamíferos

Si mi mamá fuera un ornitorrinco: Los bebés mamíferos y sus madres
Hardback ISBN 13: 978-1-938492-03-7 · ISBN 10: 1-938492-03-X | First Edition · January 2019
Paperback ISBN 13: 978-1-938492-06-8 · ISBN 10: 1-938492-06-4 | First Edition · January 2019
eBook ISBN 13: 978-1-938492-05-1 · ISBN 10: 1-938492-05-6 | First Edition · January 2019
Part of the Platypus Media collection, Beginnings
Beginnings logo by Hannah Thelen, © 2018 Platypus Media

Written by Dia L. Michels
Illustrated by Andrew Barthelmes
Text and Illustrations © 2019, 2005, 2001 Dia L. Michels, LLC
Certified translation by The Spanish Group, LLC, Irvine, CA

Editor: Ellen E.M. Roberts, Where Books Begin, Bethlehem, PA
Research Director: Emily Schuster, Silver Spring, MD
Research Associate: Judith Schaefer, Washington, D.C.
Designers: Hannah Thelen, Silver Spring, MD; Nina Barnett, Seattle, WA; and Andrew Barthlmes, Peekskill, NY
Creative Director: Douglas Wink, Inkway Graphics, Santa Fe, NM

Also available in English as If My Mom Were A Platypus: Mammal Babies and Their Mothers
    Paperback ISBN 13: 978-1-938492-11-2
    eBook ISBN 13: 978-1-938492-12-9

Previously available in Spanish as Si mi mamá fuese un ornitorrinco: Los crías de los animales y sus madres
    Paperback ISBN 13: 978-0-970010-68-1
    September 2011

Teacher's Guide available for free download at the Educational Resources page of PlatypusMedia.com

Published by: Platypus Media, LLC
            725 8th Street, SE
            Washington, D.C. 20003
            202-546-1674 · Toll-free 1-877-PLATYPS (1-877-752-8977)
            Info@PlatypusMedia.com · www.PlatypusMedia.com

Distributed to the book trade by: National Book Network
            301-459-3366 · Toll-free 1-800-787-6859
            CustServ@nbnbooks.com · www.NBNbooks.com

Library of Congress Control Number: 2018908802

10 9 8 7 6 5 4 3 2 1

Printed in Canada

Contenidos

Muchos mamíferos están en peligro de desaparecer de la tierra.
El símbolo **E** indica a los animales que están en peligro de extinción.

Si mi mamá fuera un ornitorrinco . . .

. . . ¡yo hubiera salido de un huevo!

¿Cómo naciste?

Para prepararse para mí, mi mamá hizo un nido junto a un arroyo. En ese nido, ella puso dos huevos muy duros del tamaño de uvas. Los bebés ornitorrinco normalmente nacen en parejas. Nuestros dos huevos estaban pegados, por lo que no podíamos separarnos o rodar. Mi mamá levantó los huevos con su cola y los puso sobre su barriga. Descansamos allí por diez días hasta que llegó la hora de salir del cascarón.

Yo era del tamaño de un frijol, de color rosado cuando salí de mi cascarón con los ojos cerrados y no tenía pelo. Me pegué al pelaje de mi mamá y comenzó a salir leche de los parches de leche que mi mamá tiene en su pecho. Luego, lamí la leche de su pelaje.

¿Cómo creciste?

Por casi cuatro meses, sólo tomé la leche de mi mamá. Luego crecí y me salió mi pelaje café, suave y sedoso. Mis ojos se abrieron y pude arrastrarme, gruñir como un cachorro y hacer sonidos de besos. Cuando mi mamá se iba del nido para conseguir comida, siempre sellaba la entrada con lodo para que mi hermano y yo estuviéramos escondidos de forma segura. Cada vez que ella regresaba, debía excavar para regresar al nido.

¿Qué sabes?

Cuando tenía cuatro meses, dejé mi nido por primera vez. Ya medía más de un pie (30 cm) y pesaba casi una libra (454 g). Mi mamá me llevó al agua para que nadara por primera vez. Me mostró cómo atrapar huevos de insectos y los aplastó entre dos grandes placas en sus mandíbulas para que yo los pudiera comer.

Ahora tengo cinco meses. Aún regreso a mi nido para dormir con mi mamá. Pero muy pronto me iré para cavar mi propio túnel en otro arroyo. Allí haré un nido para cuando tenga mis propios bebés algún día.

¿Y qué comes?

Busco comida en el fondo del arroyo. Con mi pico encuentro animales que comer, como camarones y gusanos. Mi pico me ayuda a encontrar la comida que no puedo ver. Es suave y flexible, no es duro como los picos de los patos. Enrosco mi pico para formar un tubo plano que uso para succionar los camarones y gusanos. Los guardo en las bolsas de mis mejillas hasta que regreso a la superficie del arroyo. Luego trituro mi comida con mis mandíbulas mientras floto en el agua.

Un hecho fascinante

El ornitorrinco macho es uno de los pocos mamíferos venenosos en la naturaleza. Cuando otro macho se acerca mucho, el ornitorrinco le clava el espolón que tiene en la pata trasera. El veneno sale del espolón y aturde al enemigo, permitiendo que el ornitorrinco se escape. Solo el ornitorrinco masculino tiene espolones venenosos.

Si mi mamá fuera un elefante africano . . .

. . . ¡yo hubiera nacido en medio de un gran ruido!

¿Cómo naciste?

Después de casi dos años dentro de mi mamá, estaba listo para nacer. Mi mamá se acercó a otro elefante hembra, sujetándose contra su espalda amplia y cálida. Luego, los otros elefantes hembras y sus crías se reunieron, haciendo mucho ruido, moviendo sus trompas y aleteando sus orejas. Caí al suelo de entre las patas traseras de mi mamá, haciendo mucho ruido.

Usando sus trompas y patas delanteras, mi mamá y el elefante que la estaba ayudando me limpiaron. Apenas veinte minutos después de haber nacido, ya estaba parado sobre mis patas tambaleantes. Mi mamá me cubrió con unas enormes nubes de polvo para ayudarme a secarme. Luego, se fue a beber agua. Los otros elefantes me cuidaron hasta que mi mamá regresó.

¿Cómo creciste?

Cuando nací era muy grande —medía casi tres pies (1 m) de altura y pesaba más de doscientas libras (90 kg)— el tamaño normal para un bebé elefante. Cuando mi mamá se paraba o caminaba, yo cabía bajo ella. Dejaba que mi trompa colgara de lado y me estiraba para llegar a un pezón que mi mamá tiene entre las patas delanteras. Lactaba por uno o dos minutos cada media hora. Algunas veces me chupaba la trompa así como los bebés humanos se chupan el dedo.

Los elefantes crecen muy lentamente. Hasta que tenga nueve años, pasaré al menos la mitad del tiempo muy cerca de mi mamá. Un elefante macho deja a su familia cuando tiene entre doce y veinte años. Las hembras se quedan con su familia toda la vida.

¿Qué sabes?

Mi familia me enseña cosas que los elefantes necesitan saber: cómo reconocer a los demás, cómo encontrar agua y comida, y cómo nadar usando mi trompa como si fuera un tubo para respirar. Mientras yo aprendo, mi mamá me cuida. Si me alejo, ella me sigue. Si me tropiezo, ella enrolla su trompa alrededor de mi cuerpo y me ayuda a levantarme. Ella me ayuda a subir las colinas y a pasar por sobre troncos caídos. Ella me ayuda a salir del lodo profundo. Ella me da empujoncitos y me consuela con su trompa. Algunas veces, si me porto mal, me golpea con la trompa también. Me encanta cuando ella me baña con su trompa.

Siempre viajamos con nuestra manada, conformada de otros elefantes adultos hembras y sus crías. Mi padre y los otros elefantes adultos machos normalmente se unen a nosotros cuando es momento de aparearse.

¿Y qué comes?

Mis primeros dientes eran del tamaño de una moneda, así que no eran lo suficientemente grandes como para masticar las hojas duras y el césped que nos gusta comer a los elefantes. Durante los primeros tres meses de mi vida, la leche de mi mamá fue mi único alimento.

Perdí mis dientes de leche y me salieron dientes nuevos más grandes para que pudiera comer plantas. Seguiré lactando hasta que tenga más de cuatro años y mis colmillos midan doce pulgadas (30 cm). Para ese entonces, podré encontrar mi propia comida. Usaré mi trompa para recoger plantas que estén creciendo en el suelo o arriba en los árboles. Pasaré dieciséis horas al día buscando comida.

Un hecho fascinante

Las patas de los elefantes son lo bastante duras como para caminar sobre rocas y piedras, pero también son suaves y esponjosas. Las patas grandes y redondas ayudan a distribuir el peso de un elefante en un área grande. Esto remueve la presión que todo ese peso pone sobre los huesos de las patas. Con sus patas grandes, suaves y acolchadas, los elefantes pueden moverse silenciosamente, incluso si pueden crecer hasta pesar más de cinco toneladas (4.5 MT). Los elefantes apenas dejan huellas al caminar.

Si mi mamá fuera un koala . . .

. . . ¡yo hubiera nacido en un árbol en Australia!

¿Cómo naciste?

Antes de que yo naciera, mi mamá ya había hecho un nido para mí. No un nido como los que hacen los pájaros, sino una bolsa suave y caliente que ella tiene en su barriga. Ella se sentaba en las ramas de un árbol de eucalipto y esperó mientras yo crecía en su vientre. El pelaje en el fondo era como un colchón fino y suave. Finalmente salí—¡era más pequeño que una uva! Mis ojos y oídos estaban cerrados. Podías ver los vasos sanguíneos a través de mi delgada piel.

Tenía garras pequeñas y afiladas como agujas en las patas de adelante y músculos fuertes en los hombros. Podía arrastrarme por el pelaje grueso de mi mamá, buscando el agujero redondo para entrar a su bolsa. Su bolsa se abre hacia atrás, hacia sus pies, a diferencia de la bolsa de un canguro. Cuando estaba adentro, encontré dos pezones. Me agarré con la boca a uno. El pezón se inflamó para que yo no me cayera. Me quedé allí por seis meses tomando la leche de mi mamá.

¿Cómo creciste?

Lentamente, empecé a crecer gracias a la leche de mi mamá. Su bolsa se estiró y creció conmigo. Cuando mis ojos finalmente se abrieron, pude ver por primera vez. Era muy delgado y tenía pelaje corto, plano y café.

Cuando empecé a dejar la bolsa de mi mamá para salir, olí algo muy rico que estaba muy cerca. Saqué un poco mi cabeza y seguí el olor. Mi nariz me llevó a una sustancia suave y de color verde oscuro llamada papilla, la cual sale del ano de mi mamá. La papilla estaba hecha de hojas que mi mamá había masticado y tragado.

Cuando empecé a comer la papilla, la leche de mi mamá se volvió más espesa y rica. Alimentándome con la leche y la papilla, crecí muy rápido. En dos semanas me salieron los dientes y me convertí en el koala peludo y esponjoso que soy ahora.

¿Qué sabes?

Cuando tenía siete meses ya no cabía en la bolsa de mi mamá y ella dejó de amamantarme. Ahora me acurruco en el regazo de mi mamá para dormir. Cuando me despierto, me subo a su espalda mientras ella se mueve de una mata de hojas de eucalipto a otra.

Cuando cumpla mi primer año, mi mamá estará esperando un nuevo bebé. Cuando él saque su cabeza de la bolsa de mi mamá, yo tendré que dejarla. No habrá suficientes hojas buenas en su grupo de árboles para que comamos todos, por lo que tendré que salir y encontrar mi propio árbol.

¿Y qué comes?

Los koalas tenemos una vida muy lenta y perezosa. Dormimos todo el día en nuestro árbol. Luego, en la noche, comemos nuestra comida favorita—hojas de eucalipto. Esas hojas tienen suficiente agua, así que no necesito tomar mucho. Me gustan tanto las hojas de eucalipto que puedo quedarme en el mismo árbol por muchos días a la vez. También como hojas de muérdago y de boj.

Un hecho fascinante

El eucalipto se usa para hacer pastillas para la tos—y como los koalas comen tanto eucalipto, ¡ellos también huelen a pastillas para la tos! El olor les ayuda a alejar a las pulgas. Hay más de setecientos tipos de árboles de eucalipto en Australia, pero los koalas comen hojas de solo quince de ellos. Sus narices les ayudan a oler el tipo correcto de hojas de eucalipto.

17

Si mi mamá fuera un mono tití león dorado...

...¡yo hubiera nacido en la cama de la familia!

¿Cómo naciste?

Mi mamá me tuvo a mí y a mi hermano en un agujero en un árbol. Mi familia había usado este nido por tanto tiempo que estaba acolchado con una capa gruesa de pelaje de mono tití león dorado. Todos dormíamos juntos, disfrutando del calor, la compañía y el olor de los demás.

Yo nací en una noche lluviosa de primavera. Mis ojos negros y saltones estaban bien abiertos. Medía tres pulgadas (8 cm) de largo, con una cola de dos pulgadas (5 cm) y un pelaje de color dorado. Pesaba solo una onza (28 g). Era del tamaño de la cabeza de mi papá. Era joven, pero ya era un experto en tres cosas: agarrarme, arrastrarme y chupar. Con mis dedos delgados y largos con garras, me agarraba del pelaje de mi mamá. Escalé por su pelaje para encontrar sus pezones—había uno para mí y uno para mi hermano.

¿Cómo creciste?

Durante las primeras dos semanas, me tenían que cargar todo el día. Mi papá y mis hermanos y hermanas mayores se turnaban para cargarme. Al principio, nunca dejaba a mi mamá a menos que alguien me agarrara. Mi instinto por sostenerme era muy fuerte, pero algunas veces uno de los otros monos en el nido me jalaba. Algunas veces mi mamá me rasguñaba contra una rama, chillando y mordiéndome. Pero no es porque intentara lastimarme. Para ella era más fácil encontrar comida sin mí.

Cuando tenía tres semanas, mi mamá aún me alimentaba, pero mi papá me cargaba casi todo el tiempo. Dos semanas después, era lo bastante grande como para empezar a correr, saltar y escalar yo solo. Pronto, mi familia ya no tenía que cargarme. También dejé de tomar la leche de mi mamá.

¿Qué sabes?

Mi hermano y yo jugamos bastante. Luchamos, nos agarramos, saltamos y nos perseguimos. El escondite es uno de nuestros juegos favoritos. También lo es la catapulta: yo me inclino sobre las ramas para doblarlas y ellas me mandan volando como si fueran un resorte. Algunas veces, mi hermano y yo saltamos sobre alguno de los adultos. Normalmente jugamos solo para divertirnos, pero si hacemos mucho escándalo, un adulto puede castigar al que empezó a molestar.

¿Y qué comes?

Los monos tití león dorado comparten su comida. Cuando tenía cinco semanas, empecé a comer comida sólida. Quien me cargaba me pasaba alguna fruta suave o un gusano jugoso. Ahora que ya me salieron los primeros dientes, también puedo comer saltamontes y cucarachas.

Corro con el resto de mi familia cuando ellos comen y descanso en nuestro nido. Cuando tenga un año y medio, dejaré mi hogar para tener mi propia familia.

Un hecho fascinante

Los monos tití león dorado tienen dos grupos de hermanos al año. Siempre hay bebés, entonces toda la familia debe criarlos. Poco tiempo después de dejar de amamantarse, el mono tití león dorado joven empezará a cuidar de sus hermanos y hermanas más pequeños. Si pueden elegir, las mamás y hermanas prefieren cargar a las hembras y los papás y hermanos prefieren cargar a los machos.

Si mi mamá fuera una ballena gris del Pacífico . . .

. . . ¡yo hubiera nacido bajo el agua!

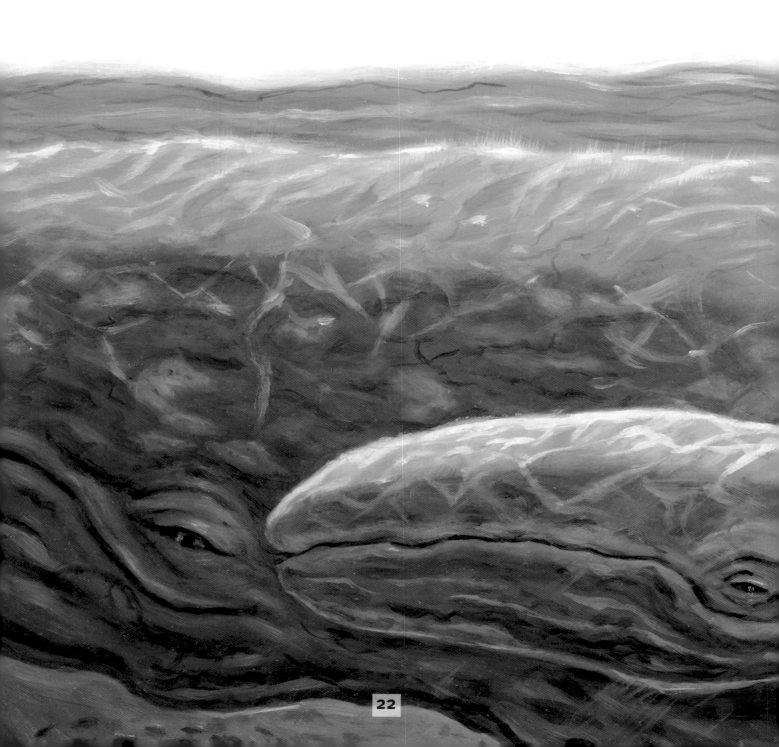

¿Cómo naciste?

Antes de que yo naciera, mi mamá pasó el verano cerca de la costa de Alaska, el estado que se encuentra más al norte en los Estados Unidos. Ella era tan grande como un autobús escolar y pesaba treinta toneladas (27 MT). Además, comía novecientas libras (400 kg) de gusanos, cangrejos y camarones antárticos todos los días para poder prepararse para su viaje al sur. Eso es porque en el camino hacia allá no habría nada qué comer. El cojín de grasa subcutánea bajo la piel de mi mamá la mantendría—y a mí también porque estaba dentro de ella—viva y caliente.

Nadando lentamente, mi mamá y otras ballenas hembras embarazadas pasaron alrededor de tres meses en el mar. Viajaron cinco mil millas (8,000 km) para llegar a las lagunas cerca de la costa de México. Este viaje es la migración más larga que se conoce para un mamífero. Finalmente, mi mamá se dirigió al agua más superficial, donde yo nací sacando la cola primero. Tres horas después, pude flotar por mí mismo y nadar en línea recta.

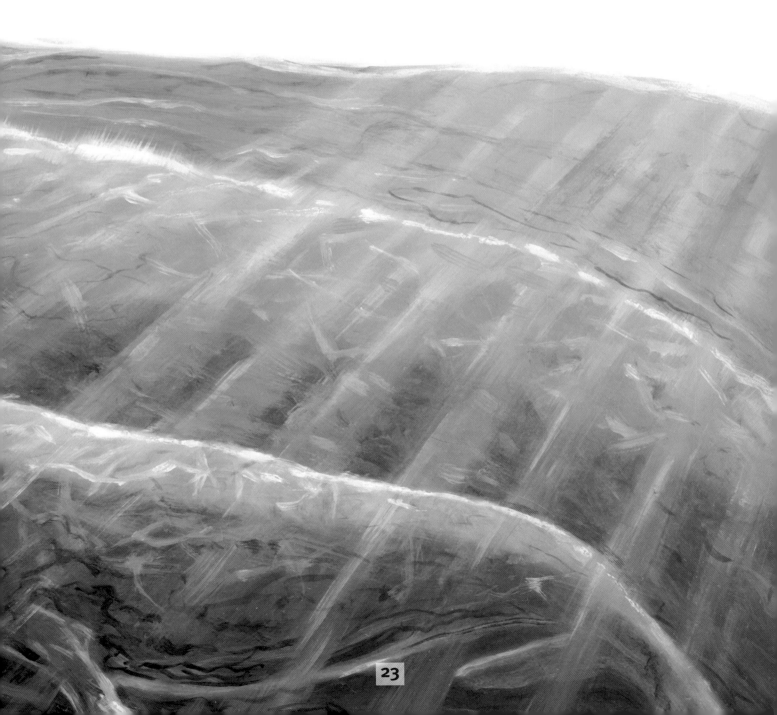

¿Cómo creciste?

Cuando nací, era casi del tamaño de una camioneta. Todos los días bebía casi diez galones (38 l) de la leche de mi mamá para poder hacerme más grande. En tan solo dos meses, ya pesaba dos toneladas (2000 kg) y medía casi veinte pies (6 m) de largo. A diferencia de la mayoría de mamíferos, las ballenas amamantan mientras se mueven. Yo nado con mi mamá mientras ella se mueve por el agua. La ola que hace su cuerpo ayuda a levantarme hacia ella para que pueda amamantarme. Entonces lo único que tengo que hacer es darle un empujoncito a una de las dos hendiduras en su barriga. Su leche es espesa como la pasta de dientes y entra directamente en mi boca.

¿Qué sabes?

Durante mis primeros dos meses de vida, me quedo cerca de mi mamá. Si una ballena asesina se acerca, mi mamá me defiende. Hay otras mamás y bebés cerca, pero mi mamá y yo nos quedamos solos.

El agua caliente se siente muy bien, pero necesitamos comida, entonces mi mamá y yo empezamos a viajar al norte. Yo aún tomo leche, entonces todavía no tengo hambre. Incluso ya me creció mi propio cojín de grasa subcutánea. Llegaremos al lugar donde nos alimentamos en el ártico en junio. Yo seguiré tomando leche un par de meses más. Para ese entonces, mi mamá me habrá dado 1,500 galones (casi 57,000 l) de leche, y estaré listo para empezar a comer gusanos y cangrejos.

¿Y qué comes?

En lugar de dientes, las ballenas grises tienen cerdas amarillas llamadas barbas dentro de sus bocas. Las barbas funcionan como un colador. Nadamos por el fondo del océano, aspirando el barro para atrapar a los animales pequeños que viven allí. Dejamos que el barro y el agua salgan, y luego nos comemos los gusanos y camarones antárticos.

Un hecho fascinante

Después de que los bebés nacen, la mayoría de mamás mamíferas se mueven hacia abajo y cortan el cordón umbilical con sus dientes. Las ballenas no pueden hacer eso porque no pueden flexionarse así. En lugar de eso, ellas dan vueltas mientras paren, dirigiéndose con sus aletas. Este movimiento causa tensión que ayuda a que el cordón umbilical se rompa.

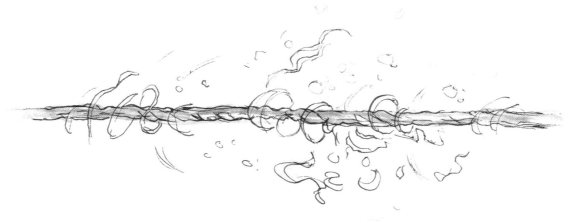

Si mi mamá fuera una jirafa . . .

. . . ¡hubiera nacido en el aire!

¿Cómo naciste?

Cuando me llegó la hora de nacer, mi mamá se alejó de las otras jirafas. Caminó hacia la parte de nuestro territorio en donde nacen las jirafas. Este lugar es conocido como "zona de parto". Nací con las patas hacia adelante, con mi cabecita entre las patas. Caí desde casi cinco pies (1.5 m) de altura, desde mi mamá hasta el suelo.

Mi mamá me lamió todo el cuerpo con su larga y áspera lengua, prestando más atención a mis ojos, nariz y orejas. Mi pelo corto, que ya tenía manchas cafés, era suave y parecía lana. Mis pezuñas eran suaves, pero pronto se endurecieron. En menos de una hora ya me podía parar sobre ellas. Comencé a chupar de uno de los cuatro pezones de mi mamá. Ese primer día, medía seis pies (2 m) y pesaba ciento cincuenta libras (68 kg).

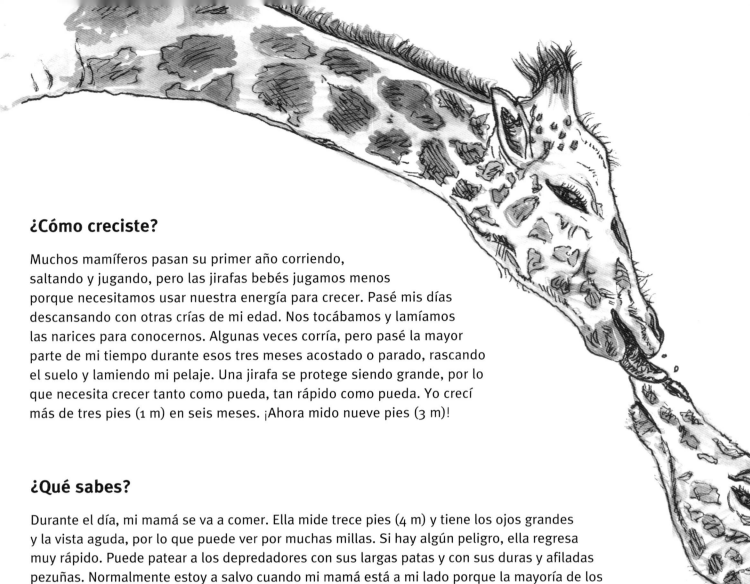

¿Cómo creciste?

Muchos mamíferos pasan su primer año corriendo, saltando y jugando, pero las jirafas bebés jugamos menos porque necesitamos usar nuestra energía para crecer. Pasé mis días descansando con otras crías de mi edad. Nos tocábamos y lamíamos las narices para conocernos. Algunas veces corría, pero pasé la mayor parte de mi tiempo durante esos tres meses acostado o parado, rascando el suelo y lamiendo mi pelaje. Una jirafa se protege siendo grande, por lo que necesita crecer tanto como pueda, tan rápido como pueda. Yo crecí más de tres pies (1 m) en seis meses. ¡Ahora mido nueve pies (3 m)!

¿Qué sabes?

Durante el día, mi mamá se va a comer. Ella mide trece pies (4 m) y tiene los ojos grandes y la vista aguda, por lo que puede ver por muchas millas. Si hay algún peligro, ella regresa muy rápido. Puede patear a los depredadores con sus largas patas y con sus duras y afiladas pezuñas. Normalmente estoy a salvo cuando mi mamá está a mi lado porque la mayoría de los depredadores de las jirafas, como los leones, leopardos, hienas y perros salvajes se alimentan de noche. Las jirafas se unen en manadas muy sueltas. Siempre hay jirafas que entran y salen de la manada. Las jirafas adultas pasan menos de una hora al día asociándose con las demás y normalmente se quedan a sesenta pies (18 m) de distancia. Somos animales muy callados, pero las jirafas bebés pueden balar. Las jirafas adultas pueden resoplar y rugir.

¿Y qué comes?

Ahora que tengo seis meses de edad, comencé a seguir a mi mamá cuando come. Ella me enseña cómo desprender las hojas de los árboles de acacia con mi lengua larga y flexible.

Beber agua es difícil—debo doblar las patas y luego bajar mi cuello para beber. Sería fácil para un león atacarme cuando estoy en esta posición tan incómoda. Afortunadamente, puedo pasar varias semanas sin tomar agua porque recibo casi toda mi agua de las hojas.

Al final de mi primer año, comeré más hojas y tomaré menos leche. Después de cumplir mi primer año, dejaré de tomar leche. Me quedaré cerca de mi mamá por otros dos meses antes de empezar a vivir por mí mismo.

Un hecho fascinante

Las jirafas tienen cuellos tan largos con los cuales pueden comer hojas que están muy arriba en los árboles. Sus lenguas largas de color negro azulado pueden ayudarles a llegar mucho más alto. ¡La lengua de una jirafa mide un pie y medio (46 cm)! ¡Las jirafas más altas pueden comer hojas que crecen a diecinueve pies (6 m) de altura! El cuello de una jirafa solamente tiene siete huesos—el mismo número que los humanos y casi igual que los otros mamíferos. Los huesos pueden medir hasta un pie (30 cm) de largo y se apoyan en unos músculos muy fuertes.

29

Si mi mamá fuera una musaraña . . .

. . . ¡yo hubiera nacido para vivir apresurado!

¿Cómo naciste?

Casi todo lo que pasa en la vida de una musaraña sucede a alta velocidad. Mi mamá se apresuró a llevar pedazos de césped seco, hojas y musgo en su boca para construir un nido para mí. Con su hocico largo y puntiagudo, ella movió las hebras para hacer un nido redondo que es un poco más pequeño que una pelota de tenis, dejando agujeros pequeños para entrar y salir. Ella le dio la vuelta una y otra vez, dándole forma y vaciándolo con su cuerpo.

Cuando nací, era del tamaño de una almendra y no pesaba casi nada. No tenía pelo y era ciego. Mis vasos sanguíneos eran de un color rojo brillante a través de mi piel delgada y tenía pequeños bigotes que salían de mi nariz. Tenía garras en mis dedos pequeños, y esas me servían para subir hacia un pezón para amamantarme. Yo fui uno de siete bebés. Los bebés de musaraña que son más grandes empujan a los más pequeños, quienes se mueren pronto—dejando más leche para quienes sobreviven.

¿Cómo creciste?

Crecí muy rápido. A las dos semanas, ya me había crecido pelo y dientes. Dos días después, mis ojos se abrieron. En otros dos días, medía casi lo mismo que mi mamá—ella ya estaba embarazada de nuevo. Cuando tenía tres semanas, dejé de tomar leche. Tuve que irme de mi hogar, construir mi propio nido y encontrar mi propia comida.

¿Qué sabes?

Corrí por un campo para encontrar un lugar para hacer mi nido. Los búhos, comadrejas, zorros y serpientes intentaron cazarme, pero yo siempre encontraba un lugar para excavar. En la primavera, tendré mis propios bebés. Al igual que mi mamá, construiré un nido para ellos con césped y hojas. Buscaré suficientes insectos y gusanos para comer y así mantenerme viva y producir suficiente leche para mis bebés.

¿Y qué comes?

Las musarañas son tan pequeñas y tienen tan poca grasa que necesitan comer cada dos horas. Todos los días y todas las noches, en el verano y el invierno, corro por las madrigueras y túneles de césped, oliendo para buscar comida. No duermo de noche: como casi todo el tiempo y duermo entre comidas. Como insectos, ciempiés, larvas, caracoles, lombrices de tierra e incluso ranas pequeñas. Si apilaras todo lo que como en un día, la pila sería más grande que yo.

Las musarañas usan sus fuertes dientes más que la mayoría de los mamíferos. Conforme envejecemos, nuestros dientes se gastan por romper las conchas de los caracoles y los insectos crujientes.

Un hecho fascinante

Las musarañas son luchadoras feroces. Ya que cazan comida durante todo el día y la noche, deben defender su territorio en contra de otras musarañas. ¡Una pelea de musarañas es muy interesante! Chillando y gritando, se sujetan a la otra y dan vueltas, pateando y mordiendo hasta que una se da por vencida. La perdedora se va y la ganadora le mordisquea las ancas.

33

Si mi mamá fuera una foca de casco . . .

. . . ¡yo hubiera nacido sobre el hielo!

¿Cómo naciste?

En un día oscuro, mi mamá salió del frío océano. Era hora de que yo naciera, por lo que ella se acostó sobre el hielo. Yo aparecí, aún metida en un saco. Me retorcí adentro por un minuto, rompí el saco y empecé a moverme por el hielo. Cinco minutos después, mi mamá se puso de lado y me empezó a amamantar. Cuando no comía, los pezones de mi mamá desaparecían entre su pelaje, cerca de su piel, para que nada sobresaliera de entre su cuerpo liso, que es muy bueno para nadar.

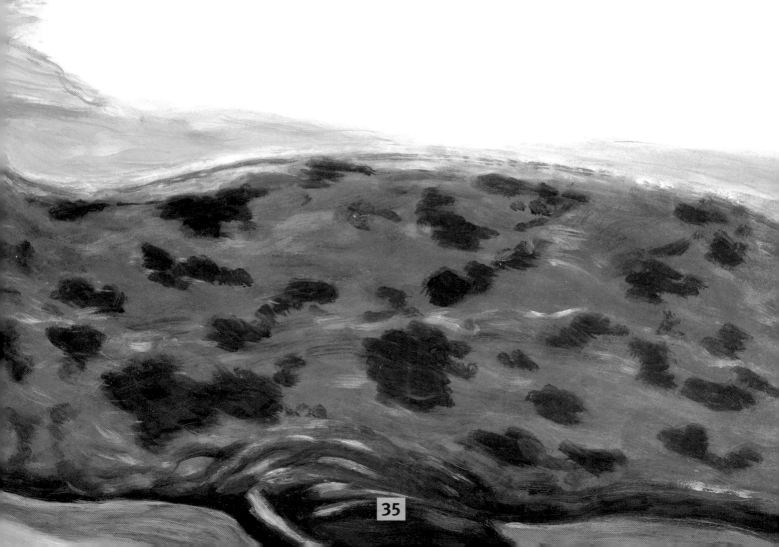

¿Cómo creciste?

Medía tres pies (1 m) de largo y pesaba cuarenta
y cuatro libras (20 kg) cuando nací. Necesitaba
ganar peso rápido, y por eso el cuerpo de mi mamá
me daba leche que era 60 por ciento grasa—¡es la
leche más pesada de entre todos los mamíferos!
Bebí dos galones (8 l) de esa leche rosa-beige
todos los días. En tan solo cuatro días, mi peso
se duplicó—yo ya no era un bebé.

Durante ese tiempo, mi mamá nunca me dejó
sola. Ella comió y me defendió en contra de los
osos polares, de las focas macho que miden
casi el doble que ella e incluso de los humanos.
Tan solo cuatro días después de que yo naciera,
ella se deslizó por el hielo y regresó al mar. Había
perdido peso cuidándome y necesitaba volver
a ganarlo rápidamente. Además, ya estaba embarazada otra vez
y tenía que engordar para el bebé que tendría el próximo año.

Ahora vivo por mi propia cuenta.

¿Qué sabes?

Después de que mi mamá se fue, no
comí nada por cuatro semanas. Me
quedé yo sola en el hielo. En un mes
perdí más de un cuarto de mi peso.
Fue entonces que intenté meterme
al agua. Nadé y atrapé peces para
comer, así como lo hago ahora. Paso
la mayoría de mi tiempo nadando en
el mar. Cuando estoy en la tierra, no
puedo moverme muy rápidamente,
y eso hace que sea una buena presa
para los depredadores. Las focas
solamente van a la tierra o al hielo
para aparearse o para dar a luz a sus
bebés. Cuando las focas están heridas
o enfermas, van a la tierra a descansar.

¿Y qué comes?

Ahora que puedo cazar yo sola, como peces como el halibut, el corvinón ocelado y el bacalao. También como camarones, almejas, cangrejos y calamares.

Cuando nado, cierro mi nariz y garganta para no tragar el agua del mar. Nado a la superficie del agua con mi comida y me la como allí. No mastico mi comida. Me la trago completa.

Un hecho fascinante

¿Por qué un animal que vive aproximadamente treinta años pasa solo cuatro días siendo un bebé y tiene el período de amamantamiento más corto de entre todos los mamíferos? Las focas de casco viven en el mar, pero dan a luz y amamantan fuera del agua. La única superficie disponible es el hielo que flota. Los bebés nacen en la primavera, cuando el hielo comienza a derretirse y romperse. Una tormenta repentina podría hacer que los pedazos de hielo se choquen, aplastando a las mamás y a sus bebés. O un témpano de hielo podría partirse y las mamás y sus bebés podrían verse separados. Una infancia más corta ayuda a evitar estos peligros.

Si mi mamá fuera un murciélago cola de ratón . . .

. . . ¡yo hubiera sido uno en un millón (o más)!

¿Cómo naciste?

Yo era uno de millones de murciélagos cola de ratón que nacieron en una cueva de Texas, en la parte suroeste de los Estados Unidos. Nuestras mamás dejaron los hogares que tienen en México en el invierno para reunirse en esa cueva. Cada murciélago tuvo un bebé.

Yo salí con el trasero primero y mis alas estaban dobladas a mi alrededor. Era un bebé grande y pesaba casi un cuarto del peso de mi mamá, pero era ciego y casi no tenía pelos. Tenía dientes pequeños y afilados y mis patas traseras y pulgares eran casi del tamaño de los de un adulto.

Mi mamá me meció sobre su cola, que apuntaba hacia arriba, mordió el cordón umbilical y me lamió para limpiarme. Luego, me amamantó mientras me olió bien, chillando constantemente. Yo respondí usando una voz alta y clara. Si bien mi mamá nunca podría reconocer mi cara—los murciélagos no son ciegos pero no pueden ver muy bien—ella ya se había memorizado mi olor en treinta minutos. Ella también conoce mi voz tan bien que siempre puede identificarme de entre los millones de bebés murciélago.

¿Cómo creciste?

Mi mamá voló y me llevó hacia la parte de la cueva donde están todos los bebés. Allí me colgué boca abajo, muy cerca de los otros bebés. Si intentaras jalar a uno de nosotros, harías que se cayera todo un grupo de bebés.

Crecí muy rápido. En tan solo tres semanas, medía casi lo mismo que un adulto. En cuatro semanas, me había salido pelo suave y café. A las cinco semanas, mis dientes permanentes ya habían salido y mis alas medían casi un pie (30 cm) cuando estaban extendidas.

Mi mamá llegaba dos veces al día para alimentarme por casi veinte minutos. A diferencia de la mayoría de los mamíferos, ella tiene pezones en los lados de su cuerpo, no en su pecho. Cuando ella estaba lista para irse, se alejaba de mí. Si yo me sostenía, ella me arrastraba hasta que la soltara.

¿Qué sabes?

Ahora que tengo cinco semanas, ya puedo volar. Los murciélagos son los únicos mamíferos que pueden volar de verdad. Al principio era un poco torpe para volar. Ahora puedo encontrar mi camino usando ecolocalización. Hago chillidos que crean un eco al rebotar en los objetos y me dicen en dónde están esos objetos. Así evito tropezarme con algo.

Las alas de un murciélago son realmente como una mano con láminas de piel estiradas entre los dedos. Cuando vuelo, extiendo mis brazos y dedos para que la piel esté bien estirada.

Al mover mis dedos, puedo cambiar la forma de mis alas para así cambiar la dirección. Los murciélagos cola de ratón vuelan más rápido que la mayoría de los otros murciélagos.

40

¿Y qué comes?

Los murciélagos descansan en cuevas durante el día. Al atardecer, salimos de la cueva para cazar comida. Los murciélagos cola de ratón comen polillas, pero las mamás que están amamantando también comen hormigas voladoras para recibir los nutrientes extra que necesitan para hacer la leche para sus bebés.

Cuando empecé a volar también aprendí a cazar. Al principio atrapé pocas polillas. Hasta que pude atrapar lo que necesitaba para vivir, sobrevivía de la grasa que almacené cuando mi mamá me amamantó. Ahora puedo atrapar insectos entre mis dientes y como varios miles de insectos cada noche.

Un hecho fascinante

Los murciélagos se cuelgan boca abajo porque no pueden pararse boca arriba. Los huesos de sus patas son demasiado delgados como para sostener sus cuerpos. Pero colgar boca abajo es fácil para ellos—sus garras se sujetan automáticamente a su nido. Los murciélagos no necesitan ninguna fuerza en sus músculos para colgarse así.

Cuando un murciélago que está colgando está listo para volar, se suelta y cae por casi diez pies (3 m) hasta que va a suficiente velocidad para salir volando.

Si mi mamá fuera un león . . .

. . . ¡yo hubiera nacido en un escondite!

¿Cómo naciste?

Yo nací en África, en un lugar que estaba protegido por las rocas y un césped muy alto. Mi mamá escogió ese lugar para protegerme de los leopardos, águilas, hienas y leones enemigos a quienes les habría gustado comerme. Yo era uno de los cuatro cachorros de león de la camada. Cuando nací era ciega, no tenía dientes y apenas podía moverme. Lo único que comía era la leche de mi mamá.

¿Cómo creciste?

Cuando nací, mi mamá me cargó por el cuello, ¡incluso si algún día voy a crecer y pesar cuatrocientas libras (180 kg)! Durante cinco semanas, me quedé en mi guarida, bien escondida. Algunas veces, mi mamá me dejaba durante un día completo para ir a cazar comida.

Cuando aprendí a caminar, mi mamá me sacó de mi escondite. Nos unimos a las otras leonas—las hermanas y primas de mi mamá—y sus cachorros. También hay algunos leones machos adultos en nuestro grupo, que se llama manada.

¿Qué sabes?

En nuestra manada, las mamás cazan y se alimentan juntas. Ellas defienden a sus cachorros y su territorio. Sus enemigos más grandes no son otros tipos de animales, sino otros leones. Los leones machos quieren adueñarse de nuestra manada y las hembras quieren robar el lugar donde nos alimentamos. Las leonas viven en grupos para protegerse de los otros leones. Los leones machos ayudan a defender a la manada también, pero luego son alejados por los otros machos. Las leonas son las principales cazadoras y defensoras de la manada.

¿Y qué comes?

Los leones comen antílopes, ñus y búfalos. Los adultos machos comen primero, las hembras comen después y los cachorros comen de último. Mientras tanto, las hienas se paran cerca, viendo el festín y esperando poder robar algo de comida.

Poco a poco voy aprendiendo a cazar mi propia comida. Practico cómo acechar y lanzarme. Los cachorros de león pueden estropear las cacerías al correr adelante o hacer ruido. Estoy aprendiendo a quedarme quieta y ver la cacería. Mi mamá me muestra cómo matar, pero no me ayuda a hacerlo.

A mi mamá le toma dos años enseñarme a cazar. Después de haber aprendido, mis hermanos y primos machos se alejan de la manada, pero las hembras nos quedamos. Un día regresaré a la guarida en donde nací para tener mis propios bebés.

Un hecho fascinante

En una manada, las leonas ayudan a cuidar a los cachorros de las demás e incluso los amamantan. Una leona que está durmiendo y estuvo cazando toda la noche no presta atención a quién está mamando de sus pezones. A diferencia de la mayoría de las otras mamás de mamíferos, que alimentan solo a sus pequeños, las leonas producen leche para cualquiera de los cachorros en su manada.

Si mi mamá fuera un oso polar . . .

. . . ¡yo hubiera nacido en una cueva de nieve!

¿Cómo naciste?

Antes de que yo naciera, mi mamá hizo un túnel para entrar en un banco de nieve y hacer una guarida para mí. Ella hizo un agujero en la parte de arriba para que entrara el aire. Apiló nieve en la parte de adelante para que el aire caliente se quedara adentro. Se arrastró hacia adentro, se acurrucó y se durmió, esperando a que mi hermana y yo naciéramos.

Cuando nací, mi pelaje corto aún estaba mojado. No tenía grasa en mi cuerpo. Mi mamá me secó rápido y yo me acurruqué entre su pelaje para estar caliente. No podía ver o escuchar, pero podía oler el pezón de mi mamá. Me moví sobre su cuerpo y comencé a tomar de su leche.

¿Cómo creciste?

Cuando nací, era del tamaño de un conejillo de indias. ¡Mi mamá era cuatrocientas veces más grande que yo!

Crecí muy rápido, tomando la leche espesa y cremosa de mi mamá. Al principio, ella se acostaba de lado para alimentarme. Conforme crecía, ella se sentaba recostada contra la pared de la cueva y me mecía sobre sus brazos grandes y peludos. Algunas veces me movía suavemente de lado a lado. Durante este primer mes con sus cachorros, mi mamá no comió nada y nunca salió de la guarida.

A las tres semanas ya podía escuchar. Luego, mis ojos azules se abrieron para que pudiera ver. Dos semanas después, podía masticar e incluso caminar un poco. A los cuatro meses, ya pesaba veinticinco libras (11 kg). Ya estaba gordo y elegante, y tenía una capa gruesa de pelaje, entonces estaba listo para irme de la guarida por primera vez. Exploré el mundo junto con mi mamá durante dos años y medio.

¿Qué sabes?

Fuera de la guarida, seguía a mi mamá, parándome sobre sus enormes huellas. Cuando estaba cansado o tenía frío, me subía a su espalda. Poco después de irme de la guarida, mi mamá me llevó al agua para que nadara por primera vez. Los osos polares flotan fácilmente y son buenos nadadores. Usamos nuestras enormes patas delanteras para remar y cambiamos de dirección con nuestras patas traseras. Podemos nadar casi sesenta millas (100 km) al día en un agua tan fría, que la mayoría de los animales se morirían en ella en tan solo minutos. ¡Incluso podemos dormir en el mar!

¿Y qué comes?

Los osos polares comen carne de focas. Comer es un desastre. Mi mamá me eñeñó a tomarme un descanso cada veinte minutos al comer y meterme al agua para quitarme la grasa y la sangre.

Cuando tenía un año, empecé a cazar mi propia carne de foca. Al principio no podía atrapar nada. Toma dos años aprender a cazar focas para comer.

Ahora que puedo cazar yo solo, uso mi nariz para rastrear a una foca durante varias millas. También escucho a las focas que se llaman entre sí bajo el agua. Algunas veces, agarro a una foca cuando sale a la superficie del agua para respirar. Otras veces, encuentro a una foca que está descansando sobre el hielo. Me muevo hacia la foca deslizándome sobre el hielo sobre mi barriga para sorprenderla.

Un hecho fascinante

Un oso polar se ve blanco, pero no es blanco en verdad. Los cabellos largos en su pelaje lanudo no tienen color y son huecos. La luz del sol rebota sobre ellos y hace que se vean blancos. La luz del sol fluye hacia cada cabello hueco y lleva el calor al cuerpo del oso polar. Debajo de su cabello, la piel del oso polar es negra. Eso ayuda a que su cuerpo absorba el calor. Puedes ver la piel negra en su nariz, lengua y en las plantas de sus patas. Cuando no hay sol, la grasa subcutánea del oso polar lo mantiene caliente.

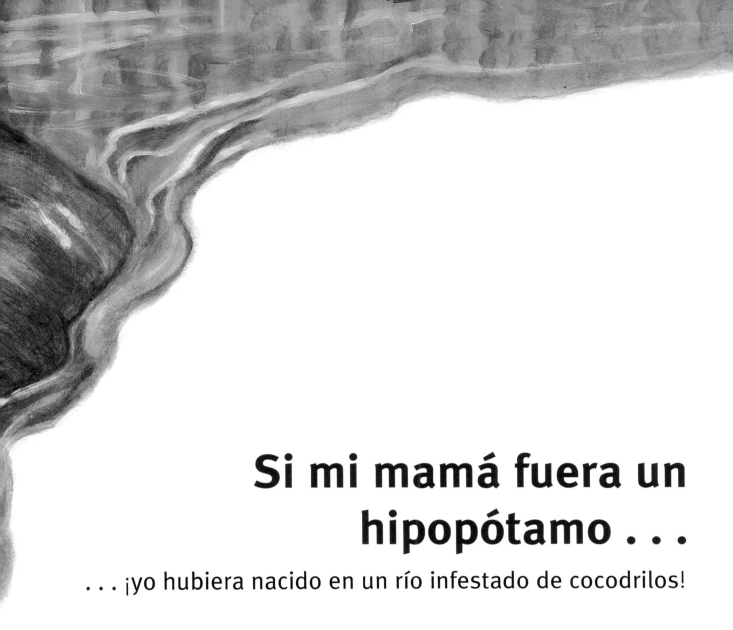

Si mi mamá fuera un hipopótamo...

...¡yo hubiera nacido en un río infestado de cocodrilos!

¿Cómo naciste?

Antes de que yo naciera, mi mamá encontró un lugar alejado de la manada de hipopótamos. Ella se acostó y el agua le llegaba hasta los ojos y la nariz, y así nací yo—primero salieron mis patas delanteras, luego mi cabeza y por último mis patas traseras. Mi cuna era el agua cálida y café de un río que se movía lentamente.

Inmediatamente, mi mamá sacó su gran cabeza del agua y me empujó hacia la superficie para que yo pudiera respirar por primera vez. Luego, regresé bajo el agua para amamantarme. Tuve que doblar mis orejas y cerrar mi nariz para dejar el agua afuera. Dos veces cada minuto, salía a la superficie para respirar y tragar.

¿Cómo creciste?

Mi mamá y yo nos alejamos de la manada por dos semanas, mientras yo aprendía a flotar sobre el agua por mí misma. Durante los primeros días, mi mamá nunca me dejó, ni siquiera para comer. Ella me acariciaba con su hocico y rasguñaba mi piel suavemente con sus dientes. Ella me mantuvo a salvo cuando había cocodrilos hambrientos—podía partirlos en dos con sus fuertes mandíbulas. Si ella debía irse a lo más profundo del agua, me llevaba sobre su espalda.

Pronto nos reunimos a la manada y yo continué tomando leche y creciendo. Cuando cumplí mi primer año, era cuatro veces más grande que cuando nací. Había dejado de tomar leche y tenía todos mis dientes. Me quedaré con mi mamá hasta que tenga cinco años.

¿Qué sabes?

Mi manada pasa sus días en el río. Las mamás y sus bebés, al igual que algunos machos, se amontonan en el agua y en la orilla. Los pájaros recogen pulgas de nuestras espaldas. Ya que somos tan grandes, parte de nosotros sale del agua. Las tortugas e incluso los bebés cocodrilos se suben a nuestras espaldas para tomar el sol.

Durante el día, yo juego y lucho con otras crías. Los adultos descansan o se cortejan para aparearse. Los machos pelean bastante—algunas veces se tiran agua, luchan o se tiran y caen, salpicando mucho.

¿Y qué comes?

Los hipopótamos comen el césped que crece en la tierra. Nuestra piel se seca rápidamente, por lo que no podemos alejarnos del agua fría. Cada día al anochecer, los hipopótamos salen del agua para comer. Nos movemos como podadoras sobre el césped, cortándolo cerca de la tierra. Siempre regresamos al agua antes de que salga el sol.

Durante los primeros cinco meses, me quedaba atrás mientras los adultos iban a comer, pero no estaba solo. Un hipopótamo hembra cuida a las crías mientras que el resto de la manada come. Ahora tengo la fuerza suficiente para quedarme con el grupo que pastorea, que camina cinco millas (8 km) en una sola fila.

Un hecho fascinante

Los hipopótamos se mandan mensajes apestosos entre sí: usan su excremento. Si las mamás se paran para pelear con un hipopótamo macho que está amenazando a sus crías, el macho normalmente los rocía con excremento. Esto les dice a las mamás que él ya se va y que no necesitan atacarlo. Los machos usan esta señal entre ellos también.

Si mi mamá fuera orangután . . .

. . . ¡yo hubiera nacido en lo alto y seco!

¿Cómo Naciste?

Aproximadamente tres semanas antes de que yo naciera, mi mamá empezó a beber mucha agua de los agujeros en los árboles. También comió muchas termitas para recibir la proteína que necesitaba. Siempre había construido nidos para descansar en la noche, pero ahora comenzó a construirlos durante el día también. Un día, en medio de un aguacero, ella hizo un nido rápidamente setenta pies (20 m) por encima del suelo. Allí fue donde yo nací. El nido nos mantuvo secos a pesar de que estaba lloviendo.

Me sujeté al pelaje de mi mamá muy bien. Me parecía a mi mamá, pero tenía una cara rosa y una cabeza sedosa con el pelo parado.

¿Cómo creciste?

Durante los próximos dos días, mi mamá descansó en su nido para recuperar fuerzas. Luego, empezó a buscar comida. Conforme se movía por el bosque, yo siempre estaba con ella, sujetándome tan fuerte a su pelo o a su estómago que ella no tenía que cargarme. Al igual que un murciélago, nací sabiendo cómo colgarme.

Continuaré tomando leche, subiéndome a su cuerpo y durmiendo en su nido por más de seis años. Los orangutanes jóvenes se quedan con sus mamás hasta que nace el próximo bebé. Los machos empiezan a alejarse pero las hembras a menudo se quedan cerca observando cómo cuidar a los bebés.

¿Qué sabes?

Paso mis días escalando, colgándome y gritando. Aprendí a tomar leche de cabeza: Uso una mano y una pata para colgar de una rama que está arriba de mi mamá. Algunas veces nos quedamos con otros orangutanes adultos hembras. Si ellas tienen crías, juego con sus bebés. Es posible que comamos en el mismo árbol por uno o dos días. Si no, nos alejamos de los demás.

Los orangutanes, a diferencia de la mayoría de los simios, pasamos la mayoría del tiempo en los árboles, doblando nuestros dedos como si fueran ganchos para sostenernos de las ramas y enredaderas.

¿Y qué comes?

Todo este tiempo he estado aprendiendo a encontrar fruta para comer. En la selva, los árboles de frutas están esparcidos, por lo que es difícil saber en dónde está cada uno. Sigo a los pájaros como los cálaos y las palomas, que ven las frutas desde el cielo cuando vuelan. Mi fruta favorita es el durio. Tiene espinas sobre su piel dura y una pulpa dulce y apestosa por dentro. A los orangutanes también les gusta comer hormigas. Pongo mi mano contra el tronco de un árbol y dejo que las hormigas se suban a ella. Luego, me meto la mano a la boca y me las como.

Un hecho fascinante

En la selva, donde viven los orangutanes, llueve mucho, así que ellos toman hojas o ramas grandes y las usan como paraguas. También cubren sus nidos para mantenerlos secos cuando llueve. Cada noche, los orangutanes jalan las hojas y ramas para preparar un nuevo lugar para dormir.

Pero mi mamá es humana . . .

. . . ¡y yo nací en un centro de maternidad!

¿Cómo naciste?

Después de estar dentro de mi mamá por nueve meses, ella empezó a tener contracciones cuando yo estaba listo para nacer. Mi mamá y mi papá fueron al centro de maternidad, donde la partera nos estaba esperando.

Varias horas después de que llegamos, mi mamá sintió que era hora de que yo saliera. Con mi papá a su lado, ella pujó fuertemente varias veces. La partera movió mi cabeza para que mis hombros y mi cuerpo pudieran salir. Luego, me puso sobre la barriga caliente de mi mamá. Respiré por primera vez y empecé a llorar. Escuché que mi papá decía mi nombre. Él cortó el cordón umbilical que me había proporcionado alimento cuando yo estaba en el vientre. A partir de ese momento, debía respirar con mis pulmones y comer con mi boca. Escuché la voz de mi mamá y ella me llevó a su pecho. Yo me acurruqué con ella y empecé a succionar.

¿Cómo creciste?

La leche de mi mamá me dio todo lo que necesitaba para crecer grande, fuerte y sano. Ella me dejaba tomar leche cada vez que tenía hambre. Cuando tenía dos semanas, tomaba casi un cuarto de galón (1 l) de leche al día.

Crecí lentamente en comparación con los otros mamíferos. Después de un mes, empecé a sonreír y reírme. En los próximos meses, aprendí a sostener mi cabeza pesada y después, aprendí a darme la vuelta. A los seis meses, me senté por mí mismo por primera vez. A los nueve meses, podía gatear y, cuando cumplí mi primer año, ya había aprendido a caminar un poco.

Cuando tenía un par de años, ya no me interesaba la leche, pero todavía no estaba listo para cuidar de mí mismo. La mayoría de los bebés mamíferos dejan a sus mamás y se vuelven adultos poco después de que dejan de amamantarse, pero los niños humanos necesitan que sus padres los cuiden por mucho tiempo.

¿Qué sabes?

Al crecer, aprendí muchas cosas: cómo encontrar comida, cómo hablar y cómo caminar. Los humanos tienen cerebros grandes. También tienen manos que pueden hacer muchas cosas diferentes, como tirar una pelota, cambiar de canal o recoger un alfiler. Ya que los humanos deben aprender muchas cosas para sobrevivir, los bebés humanos normalmente se quedan con sus padres por aproximadamente veinte años.

Los humanos caminamos con los dos pies para que nuestras manos estén libres para hacer muchas cosas. Cuando tenía tres meses, empecé a usar mis manos para golpear cosas y, tres meses después, podía alcanzar cosas y agarrarlas. Ahora puedo usar mis manos para pintar, para armar un rompecabezas o para construir una casa para pájaros.

¿Y qué comes?

A los seis meses, empecé a comer cucharadas pequeñas de comida suave, pero la leche de mi mamá aún era mi comida principal. Mis dientes empezaron a crecer uno después del otro. A los dos años y medio ya tenía mi primer grupo de dientes, entonces podía comer las mismas cosas que mis papás, pero al principio ellos las cortaban en pedazos más pequeños para mí.

A diferencia de los otros mamíferos, los humanos preparan su propia comida. Cocinar la comida mata los gérmenes y hace que las fibras duras se vuelvan más suaves para que los humanos puedan comer una mayor variedad de alimentos que los otros mamíferos.

Un hecho fascinante

Un bebé crece dentro del útero o vientre de su mamá. El bebé está conectado a la placenta por medio del cordón umbilical. La placenta es un órgano que está en el revestimiento del útero. La placenta le da al bebé el oxígeno y el alimento que necesita para crecer dentro de su mamá. Cuando el bebé sale de su mamá, la placenta sale también. Entonces, el cordón umbilical ya no es necesario, por lo que es cortado. El corte deja un bulto que se cae después de algunas semanas. Lo queda es lo que conocemos como ombligo.

GLOSSARIO

Amamantar — alimentar en el pecho; dar de mamar; lactar.

Ano — la apertura a través de la cual salen los desechos sólidos (popó) del cuerpo.

Aletas — una extremidad ancha y plana que está adaptada para nadar y puede ser vista en animales acuáticos como los ornitorrincos, focas, ballenas o tortugas de mar.

Barba — las placas que cuelgan de las mandíbulas superiores de las ballenas, las cuales usan como colador para separar los alimentos del barro y el agua.

Cachorro — la cría de ciertos animales que comen carne, como los osos, lobos o leones.

Camarón antártico — un crustáceo marino pequeño (animal acuático que tiene patas con articulaciones y una concha externa dura). Los camarones antárticos son el principal alimento de las ballenas barbadas.

Centro de maternidad — un lugar diseñado para verse y sentirse como un hogar que proporciona cuidado a las madres antes, durante y después del nacimiento de sus bebés.

Contracción — el endurecimiento rítmico del útero que ayuda a que el bebé salga del cuerpo de su madre durante el nacimiento.

Cordón umbilical — el cordón flexible que conecta un bebé en desarrollo que no ha nacido con la placenta en el útero o vientre de su madre. El cordón umbilical lleva oxígeno y nutrientes al bebé y remueve sus desechos. Ver también nutriente, placenta, útero.

Cría — los bebés de ciertos mamíferos grandes como los elefantes, ballenas, vacas, jirafas, orangutans o hipopótamos.

Cría de canguro — un bebé marsupial como un canguro o koala.

Crustáceo — un artrópodo acuático que tiene un cuerpo segmentado con una concha externa dura como una langosta, cangrejo, camarón o percebe.

Dar de mamar — lactar; ver también amamantar.

Depredador — un animal que caza y come a otros animales.

Durio — la fruta de un árbol que crece en el sureste de Asia. Tiene una piel dura y con espinas y una pulpa suave.

Ecolocalización — un sistema que los murciélagos y otros animales usan para encontrar su camino. Hacen sonidos agudos que rebotan en los objetos y regresan a sus oídos, diciéndoles en dónde están esos objetos.

Embarazada — usado para describir a un mamífero femenino que lleva un bebé en desarrollo dentro de su cuerpo.

Eucalipto — un árbol alto originario de Australia que es conocido por sus hojas con aroma fuerte.

Excavar — cavar un agujero en el suelo que será usado para esconderse o vivir.

Excremento — el desecho sólido de un animal; caca.

Grasa subcutánea — la capa de grasa debajo de la piel de las ballenas y otros animales marinos.

Infante — un bebé en el período más temprano de su vida.

Laguna — un cuerpo superficial de agua que está separado del mar por dunas arenosas bajas.

Macho — el nombre para un adulto masculino de ciertos animales grandes como las vacas, lagartos, elefantes, hipopótamos o alces.

Mamífero — un animal de sangre caliente que tiene una espina vertebral, cabello o piel y que produce leche para alimentar a sus bebés.

Manada — un grupo de ciertos mamíferos grandes como los leones, elefantes africanos, jirafas o hipopótamos.

Migración — el proceso de moverse periódicamente de un área o clima a otro. Algunas ballenas, pájaros y peces migran.

Niño — un ser humano que está entre el nacimiento y la pubertad.

Nutriente — fuente de alimentación, especialmente en la comida.

Papilla — una sustancia suave y de color verde oscuro hecha de hojas que una madre koala mastica y traga. Luego sale de su cuerpo por medio de su ano y es comida por su bebé.

Partera — persona que ayuda a las madres a dar a luz.

Placenta — un órgano en la mayoría de madres mamíferas que está formado en el revestimiento del útero. Proporciona nutrientes y oxígeno para el bebé por medio del cordón umbilical y también recibe los desechos del bebé. Ver también útero.

Primate — cualquier miembro de la subcategoría de mamíferos que comprende a los simios, monos y humanos. Los chimpancés, gorilas, gibones, lémures y orangutanes son primates.

Témpano de hielo — una hoja grande y plana de hielo flotante.

Tensión — el estado de estar bien estirado.

Territorio de nacimiento — el lugar en donde ciertos mamíferos grandes dan a luz.

Útero — en la mayoría de los mamíferos, el órgano en el cual se desarrolla el bebé antes de nacer; el vientre.

Veneno — el líquido tóxico que algunos animales ponen en los cuerpos de sus víctimas al morderlos, picarlos, etc. Los ornitorrincos macho tienen veneno y algunas serpientes y arañas también.

Vientre — en la mayoría de los mamíferos, el órgano en el cual se desarrolla el bebé antes de nacer; el útero.

ÍNDICE